AF563458

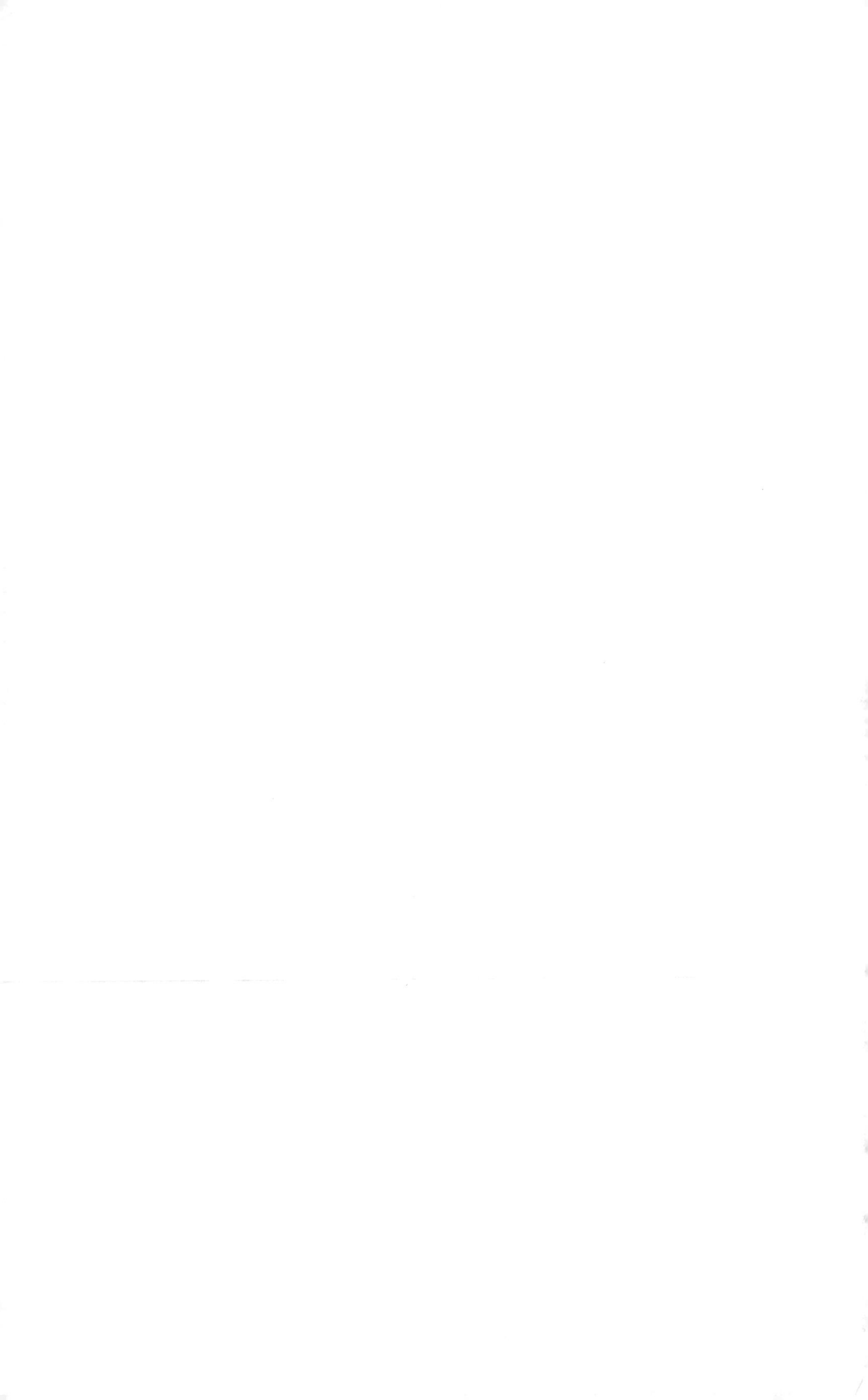

N S 17 mars 1895 · 99r N

fiches faites

Vente des Mardi 19 & Mercredi 20 Mars 1895

HOTEL DROUOT, SALLE N° 2

A DEUX HEURES

Collection de M. le Baron de C...

TABLEAUX ANCIENS

DES

Écoles Française, Flamande, et Hollandaise

COLLECTION de FEU M. M...

TABLEAUX MODERNES

et Anciens

VITRAUX ANCIENS, BRONZES

Appartenant à Divers

Objets d'Art et d'Ameublement

Armures, Panoplies, Meubles

Ivoires, Bronzes, Lustres, Glaces, Bijoux, Livres, Gravures

M° RENÉ LYON
Commissaire-priseur
29, Rue Le Peletier, 29

M. A. BLOCHE
Expert
28, Rue de Châteaudun, 28

EXPOSITION PUBLIQUE

Le Lundi 18 Mars 1895, de 2 h. à 6 h.

Dc. 412

IMPRIMERIE ARTISTIQUE

E. MÉNARD & Cie

Bureaux et Ateliers: Paris — 8, Rue Milton

CONDITIONS DE LA VENTE

La vente sera faite *expressément* au comptant.

Les acquéreurs payeront en sus des adjudications *cinq pour cent.*

L'exposition mettant le public à même de se rendre compte de l'état des objets, il ne sera admis aucune réclamation une fois l'adjudication prononcée.

Paris. — Imp. E. Ménard & Cie, 8, rue Milton.

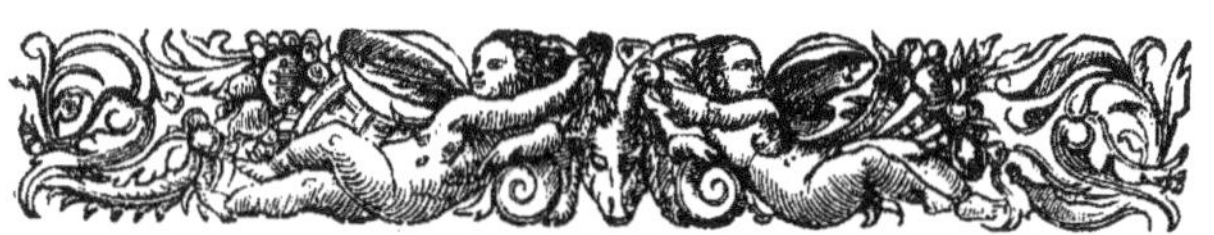

Collection de M. le Baron de C...

TABLEAUX

BAUR (attribué à WILLIAM)

1 — *Jésus appelant les petits enfants.*

Joli petit tableau.

BÉGA (attribué à CORNÉLIUS)

2 — *Intérieur de cabaret.*

BERGHEM (attribué à NICOLAS)

3 — *Paysage montagneux avec personnages à cheval et animaux.*

Effet de crépuscule.

VAN BLŒMEN

4 — *Le Maréchal ferrant.*

BOILLY (attribué à)

5 — *Portrait de femme en robe bleu pâle avec écharpe jaune brodée.*

6 — *Portrait de femme en robe rouge.*

BONAVENTURE (Péters)

7 — *Naufrage.*

BOTH (attribué à Jean)

8 — *Paysage avec figures.*
Effet de soleil couchant.

BOURGEOIS

9 — *Troupeau de moutons au bord d'une rivière.*

BRAUWER (genre d'A.)

10 — *Les Buvenrs.*

BREMBERGH

11 — *Ruines animées de personnages et d'animaux.*

BRILL (PAUL)

12 — *Les Bûcherons.*

BRILL (genre de P.)

13 — *Personnages sur une route près d'un château.*

BREUGHEL DE VELOURS

14 — *Paysage avec personnages et animaux,* sur cuivre.

BUDELOT

15 — *Paysage montagneux avec routes animées de nombreux personnages.*

BUDELOT

16 — *Le Retour du Marché.*

CHARLET (attribué à)

17 — *Soldat du Ier Empire en campagne.*
Effet d'hiver.

CODDE (Pierre)

18 — *La partie de concert.*
Composition de plusieurs personnages.

COYPEL (genre de)

19 — *L'Enfance de Rémus et de Romulus.*

CRÉPIN (Louis-Philippe)

20 — *Route animée de personnages au bord d'une rivière coulant en cascades.*

CUYP (attribué à Albert)

21 — *Chevrier gardant un troupeau près d'une mare à canards.*

DEMARNE (attribué à)

22 — *Paysage boisé et accidenté avec animaux.*

DUPLESSIS-BERTHAUT

23 — *La halte au bivouac.*

GELÉE (attribué à CLAUDE)

24 — *Paysage avec figures.*

Teinte blonde et agréable.

GOLTIUS (École de)

25 — *Les biens de la terre.*

VAN GOYEN (attribué à)

26 — *Canal de la Hollande sillonné de bateaux.*

GUARDI (attribué à)

27 — *Vues de Venise.*

Deux pendants.

HEUSCH (GUILLAUME)

28 — *Paysage montagneux avec cavaliers.*

HOGARTH (genre de)

29 — *La visite des fermiers aux châtelains.*

HONTHORST (attribué à GÉRARD)

30 — *Jeune homme allumant une chandelle à celle que tient un autre personnage.*

Effet de lumière.

HUBERT-ROBERT

31 — *Palais à colonnade avec figures.*

INGRES (École d')

32 — *Tête de femme regardant de trois quarts.*

KOEKKOEK (attribué à)

33 — *Paysage boisé.*

LACROIX

34 — *Vue des environs de Gènes.*

Jolie teinte blonde.

LACROIX

35-36 — *Environs de Marseille.*

Effet d'aurore.
Effet de coucher de soleil.
Deux jolis petits tableaux.

L'ALBANE (attribué à)

37 — *Pomone recevant les hommages de Cérès, de Bacchus et des Amours.*

LANTARA

38 — *Bords de rivière avec petits personnages.*

LEPRINCE (École de)

39 — *Judith et Olopherne.*

40 — *David vainqueur de Goliath.*

Deux pendants.

MALBRANCHE

41 — *Paysage.*

Effet de neige.

MICHAU

42 — *Les plaisirs champêtres.*

MILLET (genre de FRANCISQUE)

43 — *La Baignade.*

MOLENAER

44 — *Paysage.*

Effet de neige.

MOLYN (Pierre)

45 — *Scène de bataille.*

MOMPER

46 — *Scène de chasse à travers un paysage accidenté.*

MOREAU (Louis)

47 — *Paysage montagneux animé de personnages : pêcheurs, lavandière au bord d'un fleuve.*

MOUCHERON (genre de)

48 — *Sous bois, personnage assis au pied d'un arbre.*

PANINI

49 — *Guerriers dans les ruines d'un monument, poursuivant un personnage qui se cache de son mieux.*

POLENBURG (genre de)

50 — *Baigneuses.*

POTTER (attribué à Paul)

51 — *Chèvre et bélier au pâturage.*
Signé et daté.

POTTER (attribué à Paul)

52 — *Pâturage en Hollande.*

POUSSIN (genre du)

53 — *Paysage accidenté avec figures, bouquet d'arbres au premier plan.*

54 — *Paysage d'Italie avec vues de Ruines.*

ROSA (genre de Salvator)

55 — *Bataille.*

STOREK (Abraham)

56 — *Petit port de pêche, au bord du Zuydersée.*

SWAGERS (François)

57 — *Troupeau de vaches et de moutons sortant d'un parc au bord d'une rivière.*

TÉNIERS (genre de David)

58 — *Les Pélerins.*

TÉNIERS père (attribué à David)

59 — *Troupeau de moutons et de vaches au bord d'une rivière.*

TITIEN (École du)

60 — *Scène de l'histoire ancienne.*

VALLIN

61 — *L'Harmonie.*

Joli petit tableau.

VALLIN

62 — *La bacchante.*

VERHULST

63 — *Pastorale au bord d'un fleuve.*

Bon tableau.

VERNET (attribué à JOSEPH)

64 — *Marine. Tempête.*

WATTERLOO

65 — *Halte de paysans.*

Joli tableau.

WOUWERMANS (attribué à PIERRE)

66 — *La Chasse au faucon.*

ÉCOLE ANCIENNE

67 — *Offrande à Pryap.*

ÉCOLE FLAMANDE

68 — *Bords de rivière animés de personnages.*

69 — *Cascades et personnages jouant de la flûte.*

ÉCOLE FLAMANDE

70 — *Haut de buffet vitré rempli d'objets divers. Trompe l'œil.*

ÉCOLE FRANÇAISE

71 — *Le Triomphe du Printemps.*

ÉCOLE FRANÇAISE

72 — *Poires, pommes et raisin.*

ÉCOLE FRANÇAISE

73 — *Portrait de femme en robe rouge, Ier Empire.*

74 — *Portrait de dame en costume de Cour, de l'époque Louis XIV.*

ÉCOLE FRANÇAISE

75 — *La Visite.*

Scène d'intérieur de l'époque Louis XVI.

ÉCOLE FRANÇAISE

76 — *Jupiter en cygne venant séduire Léda.*

ÉCOLE FRANÇAISE

77 — *Le Lever.*

Petit tableau ovale.

2296.50

ÉCOLE HOLLANDAISE

41 78 — *L'Hiver en Hollande.*

ÉCOLE HOLLANDAISE

12 79 — *La Fuite en Égypte.*

Joli paysage.

ÉCOLE MODERNE

17 80-81 — *Corbeilles de fleurs.*

Deux pendants.

~~17~~ 82 — Tableaux omis.

40 2 tabl. école flamande

4 tête de cheval école moderne

6 Céad d'avril. [illegible] d'animaux

90 Van Dyck (genre de) Madeleine à la Croix

22 école française

2528.50

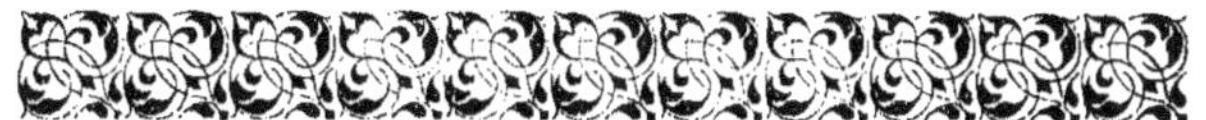

Collection de feu M. M...

TABLEAUX

BALLUE

83-84 — *Scènes champêtres.*

Deux pendants.

BEAUMONT (Ed. de)

85-86 — *Scènes enfantines.*

Dessins rehaussés d'aquarelle.

BERTRAND (J.-A.)

87 — *Turcos en tirailleurs.*

BERTRAND (J.-A.)

88 — *Clairon de zouaves.*

COROT

89-90. — *Paysages.*

Deux dessins.

DARJOU

91 — *Intérieur de Harem.*

DARJOU

92 — *Fantasia.*

DARJOU

93 — *Les Suites du feu.*

DARJOU

94 — *La Curée.*

DELAUNAY (J.)

95 — *Charge de cavalerie.*

DESHAYES (Eug.)

96 — *Paysage en Hollande.*

DORCY

97 — *Portrait de jeune fille tenant une lettre.*

Cadre bois sculpté et doré.

DORCY

98 — *Buste de jeune fille.*

DORCY

99 — *Portrait de jeune fille.*

Pastel.

DUPRÉ (J.)

100 — *Chevaux.*

ÉCOLE FRANÇAISE (XVIIIe siècle)

101 — *Nature morte, Violon, Tête de mort, etc.*

ÉCOLE FRANÇAISE (XVIIIe siècle)

102 — *Enfants à la chèvre.*

ÉCOLE FRANÇAISE (XVIIIe siècle)

103 — *Ronde d'enfants.*

2956.50

ÉCOLE FRANÇAISE (XVIIIe siècle)

104-105 — *Nature morte.*

Deux pendants.

ÉCOLE FRANÇAISE

106-107 — *Intérieur de cabaret sous Louis XV.*

Deux pendants.

EGUSQUIZA

12 108 — *Un médaillé de Sainte-Hélène.*

GARNERAY

28 109 — *Marine.*

GAUME (H.)

7 110 — *La Lecture.*

GAUTIER (CH.)

111 — *Portrait de femme nue couronnée de fleurs.*

GIRAUD (EUG.)

112 — *Le Retour du bal masqué.*

3.003.50

HYON

113 — *Guides de la Garde.*

INCONNU

114 — *Marine.*

LALANNE

115-116 — *Deux paysages.*

Fusains.

LECARON (A.)

117 — *Le Lever.*

MALBRANCHE

118 — *La Forge; effet de neige.*

MELIN (J.)

119 — *Étude de cheval.*

MÉNARD

120 — *Le Moulin.*

Peinture sur faïence.

3267

MENARD

121 — *Sous bois.*

avec 120 Peinture sur faïence.

MEYER

36 122 — *Vaches au pâturage.*

NEYMARK

24 123 — *Le Corps de garde de la banque.*

NOEL (JULES)

28 124 — *Marine.*

NOTERMANN (Z.)

50 125 — *Le Déjeuner des chiens.*

NOTERMANN (Z.)

12 126 — *Chiens.*

PAPETY

16 127 — *La Bonne aventure.*

POLLET (V.)

128 — *Portrait de femme.*

Aquarelle.

Kratké

n°82 140 — Entre fols

Burgers

n°82 150 — Barque et enfants sur un lac d'Italie

3723

3723

REYNAUD

22 ~~129~~ — *Environs de Naples.*

RICO

12 130 — *Le Bouquet.*

RONNER

31 131 — *Chiens et perroquet.*

ROQUEPLAN

18 ~~132~~ — *Intérieur.*

SOULÈS (EUG.)

— 31 ~~133~~ — *Vue d'Étretat.*
Aquarelle.

TOURNEMINE

29 134 — *Environs de Naples.*

VERDIER (M.)

135 — *Portrait de femme.*

ZIEM

136 — *Marine.*
Dessin.

Caso

25 Etude de Femme blonde

Cortes

240 Paysage

40 d° avec animaux

3991

tab^x 3991
gravures 233
1,924.

MEUBLES

Objets d'ART, Curiosités

137 — Ameublement de salon en palissandre, style Louis XV, composé de : un canapé, quatre fauteuils et quatre chaises, garnis en damas de soie rouge capitonné.

138 — Table de salon en marqueterie de cuivre et d'écaille ornée de bronzes.

139 — Buffet normand, chêne ciré, époque Louis XV.

140 — Table de style Louis XIII en chêne sculpté, dessus en velours.

141 — Commode Louis XIII, en bois de violette orné de bronzes.

142 — Toilette en bois laqué blanc et bleu.

143 — Glace cadre bois laqué blanc et bleu.

144 — Six chaises de style Louis XIII, chêne sculpté.

145 — Chaise longue.

146 — Coffre-fort.

147 — Statue de singe en noyer sculpté, formant torchère. Travail vénitien.

148 — Quatre fenêtres en vitraux peints de la fin du XVe siècle.

149 — Deux fenêtres : Vitraux peints, sujets allégoriques : La chasse, La pêche, etc.

150 — Deux fenêtres, vitraux peints. Portraits de Marguerite Faust. Marguerite de Bourgogne et Buridan.

151 — Fontaine en ancien bronze de la Chine, socle à palmettes, anses et couvercle ornés de chimères.

152 — Paire de chenets en bronze formés par les Statuettes du Temps et de la Fortune, époque Louis XV.

153 — Service à café, composé de : une cafetière, un pot au lait, bol à punch, sucrier et huit tasses et soucoupes en porcelaine décorée fond or, époque du Ier Empire.

154 — Pendule en marbre rouge avec sujet en bronze d'après PRADIER, édition de Susse.

155 — Importante garniture de cheminée : Pendule avec statuettes d'enfants et deux candélabres en bronze ciselé et doré et marbre blanc.

156 — Chiens, groupe en bronze par MOIGNIEZ.

157 — Paire de vases en bronze japonais décorés de tortues en relief.

158 — Panoplie composée de : un casque, un bouclier et deux hallebardes anciens, quatre épées et deux haches d'armes.

159 — Hallebarde Louis XIII.

160 — Deux gantelets.

161 — Panoplie composée de : deux sabres dans leurs fourreaux en défense de poisson scie, deux sabres japonais, et deux poignards à lames gravées.

162 — Panoplie composée de : un fusil chassepot, deux sabres, deux épées, une navaga, deux pistolets, un pistolet Louis XIV, deux masques et deux gants d'escrime.

163 — Deux plats en cuivre repoussé, époque Louis XIII.

164 — Une paire de cornes de cerf.

165 — Molière, buste en bronze.

166 — Charlotte Corday, médaillon plâtre par Adam Salomon.

167 — Poignard manche garni en bronze.

168 — Poignard javanais et pipe turque incrustée de nacre.

169 — Etui os sculpté. Travail japonais. navaja lame gravée.

170 — Ivoire sculpté. Travail japonais groupe de trois grotesques.

171 — Six netsukés, ivoire sculpté représentant des enfants dans diverses attitudes.

172 — Groupe en bronze d'après l'antique : *Enlèvement*.

173 — Armure japonaise complète.

174 — Chimère en grès émaillé de la Chine.

175 — Lanterne à gaz en fer laminé et sa potence.

176 — Le Penseur de Michel-Ange, sur socle, de Barbedienne.

177 — Paire de vases bronze, de style neo-grec avec figure en relief.

178 — Deux coupes en bronze, style Renaissance.

179 — Deux colonnes en marbre serpentin.

180-182 — Trois petits lustres, style Louis XVI, en bronze doré, ornés de cristaux.

183-186 — Quatre glaces en verre de Venise.

187 — Glace, médaillon ovale, cadre doré.

188 — Quatre statuettes d'hommes et de femmes. Ivoire sculpté. Travail Japonais.

189 — Deux divinités en pierre de lave.

190 — Deux dents d'Hippopotame gravées.

191 — Oiseau en cristal. Travail Chinois.

192 — Statuette en bronze, le Temps.

193-197 — Onze bagues, cachets et breloques anciennes en argent.

198 — Apollon. Statuette en bronze, époque du Ier Empire.

OUVRAGES DIVERS

RELIÉS ET BROCHÉS

199 — Louis Blanc. — Révolution française. 4 vol.

200 — Bernardin de Saint-Pierre. — Paul et Virginie. 1 vol.

201 — Vapereau. — Dict. des Contemporains. 1 vol.

202 — Pessard et Watcher. — La guerre de 1870-1871. Illustration de Darjou. 1 vol.

203 — Pitre-Chevalier. — La Bretagne ancienne et moderne. 1 vol.

204 — Louft. Ch. — Paris historique. 1 vol.

205 — L'Eau. — Texte par A. Daudet, Paul-Arène. Charles Yriarte et H. Parville : illustré de 13 comp., par A. Sézanne.

206 — Florian Pharaon. — Le Caire et la Haute-Égypte, ill. de A. Darjon.

207 — Victor Hugo. — Les Misérables. Notre-Dame de Paris.

208 — Saggo. — Descriptions sur l'Égypte. Dédié à Mme la duchesse de Berry.

209 — Le Monde illustré. — Deux volumes.

210 — Le Monde inconnu. — Deux volumes.

211 — 33 romans, ouvrages reliés de L. Ulbach, H. Malot, O. Feuillet et autres.

212 — 54 volumes brochés, romans divers.

213 — 2 albums artistiques et bibliographiques du Salon de 1880.

214 — 4 albums de gravures et lithographies en noir et en couleurs.

215 — Saint Nom (l'abbé de), Voyage en Italie, 159 feuilles, gravures.

216 — 4 volumes. Collections de l'Eclypse Figaro. Masque de Fer et Évènement

217 — L'Autographe. 2 albums 1864-1865.

218 — Collection du Figaro Illustré, 1856-1858. 18 brochures, Musée universel, par Ed. Lievel, collection de l'artiste. Histoire de l'art des contemporains.

219 — 6 gravures anglaises en couleurs : Vicar of the old and new-London-Bridges— The general post office London — Ascot Heath race for his majesty's gold plate — The road side, — Epsom race for the great Derby stakes — Hyde Park corner.

220 — 6 gravures d'après Lawrence, Paul Delaroche et autres.

221 — 4 gravures en couleurs. Vues d'Égypte. Très beau dessin à la plume, modèle d'un billet de 1200 francs.

222 — Objets omis.

www.ingramcontent.com/pod-product-compliance
Lightning Source LLC
LaVergne TN
LVHW010305230826
846091LV00007BB/2712

* 9 7 8 2 3 2 9 5 4 5 8 0 6 *